Die Welt der Urmenschen

Text von Pierre Gouletquer
Illustriert von Carlo Ranzi, Sylvaine Pérols,
Christian Jégou, Marie Mallard,
Donald Grant, Roger-Guy Charman

D1699758

Mondo-Verlag

Kleine Erde…
Kleine Erde!
Kleine Werde!
Bist vielleicht ein Dutzendball!
Unerschöpflich ist das All.
Bist vielleicht kein sondrer Himmel
im Gewimmel
der Myriaden,
bloß ein Himmelchen und Höllchen,
bloß ein spärlich Nebenröllchen,
Boden zwar für Gottaufgänge,
aber selbst voll Not und Enge.

Und doch, doch,
du karge Scholle,
dürftest du noch einmal mich laden,
ja wohl viele Male noch!
Du aus Mann und Weib geballte,
gottesjunge, gottesalte!
Du – trotz aller Abseitsrolle –
Göttin mit den Möglichkeiten
allerletzter Tragischheiten,
allerletzten Glücks und Leides, –
Mutter und Geliebte… Beides…

Christian Morgenstern

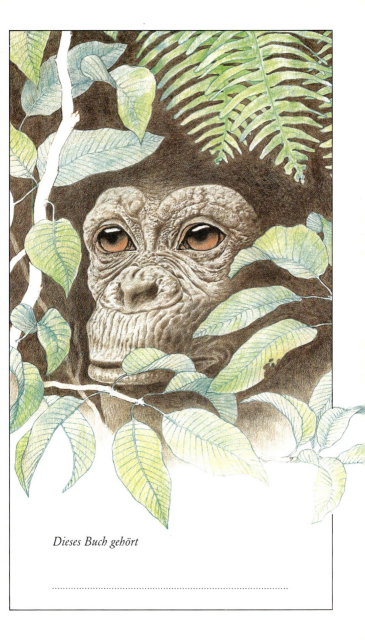

Dieses Buch gehört

....

Zeittafel

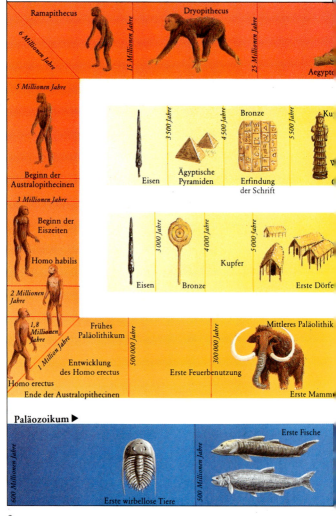

Ramapithecus

6 Millionen Jahre

Dryopithecus

15 Millionen Jahre

25 Millionen Jahre

Aegypto

5 Millionen Jahre

Beginn der
Australopithecinen

3 Millionen Jahre

Beginn der
Eiszeiten

Homo habilis

*2 Millionen
Jahre*

*1,8
Millionen
Jahre*

1 Million Jahre

Homo erectus

Ende der Australopithecinen

Frühes
Paläolithikum

500 000 Jahre

Entwicklung
des Homo erectus

300 000 Jahre

Erste Feuerbenutzung

Mittleres Paläolithik

Erste Mamm

3 500 Jahre

Eisen

Ägyptische
Pyramiden

4 500 Jahre

Bronze

Erfindung
der Schrift

5 500 Jahre

Ku

3 000 Jahre

Eisen

Bronze

4 000 Jahre

Kupfer

5 000 Jahre

Erste Dörfe

Paläozoikum ▶

600 Millionen Jahre

Erste wirbellose Tiere

500 Millionen Jahre

Erste Fische

8

Nichts ist so klein, daß es nicht Wurzeln hätte bis in den Urgrund des Geheimnisses, und von Rechts wegen dürften wir, wieviel wir auch über die Dinge wissen, das Staunen ihnen gegenüber niemals ganz verlernen.
Das Wunder bleibt immer noch größer als die Erklärung.

Christian Morgenstern

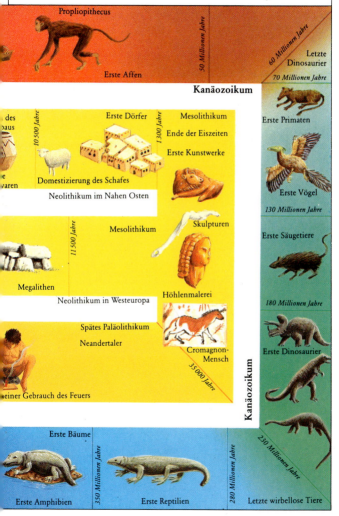

Die Verschiebung der Kontinente

Die Erde vor 70 Millionen Jahren Europa und Nordamerika waren ein Kontinent. Nordamerika war von Südamerika, Europa von Asien getrennt.

Heute sieht die Erde nicht mehr so aus. Die Umrisse der Kontinente haben sich bis heute ständig verändert, und die Landmassen verschieben sich immer weiter.

Das Bild der Erde war nicht immer so wie heute. Vor 250 Millionen Jahren bestand sie wahrscheinlich aus einer einzigen Landmasse. Dann lösten sich die Kontinente langsam voneinander. Dabei stießen sie manchmal aneinander und schoben sich übereinander. Man nennt dies die Kontinentalverschiebung. Als die ersten Primaten – Herrentiere – auf der Erde erschienen, bildeten Europa, Grönland und Nordamerika einen gemeinsamen, von Afrika und Südamerika getrennten Block. Später, vor 50 Millionen Jahren, trennten sich Nordamerika und Europa. Europa verband sich mit Asien.

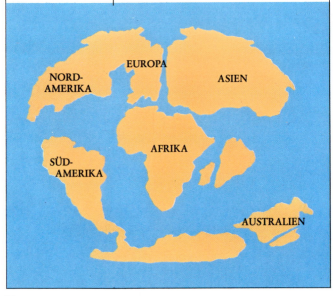

NORD-AMERIKA

EUROPA

ASIEN

AFRIKA

SÜD-AMERIKA

AUSTRALIEN

Säugetiere gibt es schon seit 200 Millionen Jahren auf der Erde. Doch sie konnten sich erst richtig ausbreiten und vermehren, als die Dinosaurier vor 70 Millionen Jahren ausstarben. Zu den Säugetieren gehören die Primaten („Herrentiere"). Man teilt sie auf in Halbaffen und Affen. Die Affen wiederum haben zwei Stämme: Neuweltaffen (Amerika) und Altweltaffen (Afrika, Europa und Asien). Aus den Altweltaffen ging der Mensch hervor.

Noch später entfernte sich Afrika wieder von Europa, und erst vor 17 Millionen Jahren zeichneten sich die heutigen Umrisse der Kontinente ab.

Durch die Zusammenstöße der Landmassen entstanden Gebirge und Senkungen; dort, wo geschmolzenes Gestein herausgeschleudert wurde, bildeten sich Vulkane. Die Verschiebung der Kontinente hatte zur Folge, daß die Entwicklung der Lebewesen nach Lage und Klima unterschiedlich verlief. Unsere Kenntnisse über diese Entwicklung verdanken wir vor allem der Tatsache, daß Knochen unter günstigen Voraussetzungen versteinern. Man nennt sie dann Fossilien.

Die Erde heute

Die Erde vor 50 Millionen Jahren
Nord- und Südamerika war von Europa getrennt. Europa bildete mit Asien einen Kontinent und hatte eine Landverbindung zu Afrika.

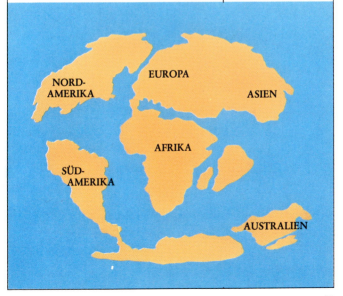

NORD-AMERIKA

EUROPA

ASIEN

AFRIKA

SÜD-AMERIKA

AUSTRALIEN

Unsere frühesten Vorfahren

„Sie!!!"

Durch unsre Gegend spazierte,
die Landschaft mit Tritten verzierte
ein Saurier, hoch und dick
wie eine Fabrik.

Mir blieb die Spucke weg:
Solch ein Vieh!
Doch als er mir durch die Radieschen
*   marschierte,*
da rief ich: „Sie!!!"

Josef Guggenmos

1 *Purgatorius*
2 *Plesiadapis*
3 *Adapis*
4 *Necrolemur*
5 *Notharctus*
6 *Branisella*

Vor 70 Millionen Jahren verschwanden die Dinosaurier von der Erde. Nun konnten sich die Primaten ausbreiten.

Die Vorfahren der Primaten, die wir heute als Loris, Lemuren, Makis und andere Affen kennen, waren klein. Der älteste, als Purgatorius bezeichnet, wurde in den Vereinigten Staaten gefunden. Er war etwa so groß wie eine Ratte, lebte auf Bäumen und fraß Blätter und Früchte. Vor 50 Millionen Jahren lebte in Nordamerika auch Plesiadapis, der wie ein Eichhörnchen aussah. Notharctus stammte ebenfalls aus der Neuen Welt, während Adapis in den Mammutbaumwäldern um das heutige Paris zu finden war. Necrolemur ähnelte dem heutigen Koboldmaki. Die Affen erschienen vor 40 Millionen Jahren. In Bolivien wurde Branisella gefunden, ein Vorfahr der Neuweltaffen oder Breitnasenaffen. Er besaß einen langen Schwanz, mit dessen Unterstützung er sich durch das Geäst hangelte. Die Vorfahren der Altwelt- oder Breitnasenaffen lebten in den Wäldern des damaligen Niltals. Von ihnen stammt der Mensch ab.

Die Affen vor
30 Millionen Jahren

Das griechische Wort „Pithecus" (Affe) bildet die Basis für die wissenschaftlichen Bezeichnungen aller Affenfunde jener Zeit. Aegyptopithecus heißt also: ein in Ägypten gefundener Affe.

Vor 30 Millionen Jahren lebten im Niltal die Vorfahren der Altweltaffen. Sie erreichten schon die Größe einer Hauskatze. Sie sprangen mit ihren langen Hinterbeinen von Ast zu Ast und klammerten sich mit

Aegyptopithecus

Für den Biologen ist der Mensch ein Tier, ein Tier wie jedes andere. Seine Art ist nur eine unter den acht- bis neuntausend Tierarten, die heute die Erde bevölkern.

J. Rostand

Händen und Füßen fest, den Schwanz benutzten sie nicht mehr zum Greifen. Sie lebten auf dem Boden und ernährten sich von Früchten. In der oberägyptischen Provinz Fayum wurden sehr viele fossile Tiere dieser Art gefunden. Zur damaligen Zeit war das Gebiet keine Wüste, sondern ein tropischer, von vielen Flüssen durchzogener Regenwald.

Form und Anzahl der Zähne lassen auf eine Verwandtschaft mit den heutigen Affen schließen. Jedoch haben sie noch eine längere Schnauze und größere Augenhöhlen.

Propliopithecus

Oreopithecus
Gigantopithecus

Der Oreopithecus war ein Sumpfbewohner, fälschlicherweise oft den Hominiden zugerechnet.
Er war 1,20 m groß und 40 kg schwer.
Sein Gehirnvolumen betrug 200 cm³.

Der Oreopithecus gehörte zur Familie der Cercopithecoiden (Hundsaffen, z.B. Pavian). Durch die Annäherung Afrikas und Eurasiens konnten sich die in Afrika lebenden Tierarten nach Norden verlagern. Der Oreopithecus lebte bis vor 5 Millionen Jahren in der Toskana. Er starb aus, bevor sich die Menschenaffen (Pongiden) und Menschen (Hominiden) in zwei Linien aufspalteten.

Oreopithecus

Er lebte noch auf Bäumen, konnte aber auch schon aufrecht auf zwei Beinen gehen. Seine Schnauze war kurz. Der Gigantopithecus („Riesenaffe") war ein Vertreter der Menschenaffen (Pongiden). Zuerst war nicht klar, ob er zu den Menschen (Hominiden) gehörte. (Dagegen spricht, daß Tiere im Lauf der Entwicklung meist größer werden.) Er starb vor $\frac{1}{2}$ Million Jahren aus, zu einer Zeit, als der viel kleinere Homo erectus schon Jäger war und Feuer machen konnte.

Der Gigantopithecus war etwa 2,50 m groß und 300 kg schwer. Er lebte als Vegetarier in den Wäldern Asiens, hauptsächlich in China und Indien.

Gigantopithecus

Stein, Tier, Pflanze hatten Zeit, konnten die Geduld von Jahrmillionen haben. Der Mensch aber hat und braucht ein unvergleichlich rascheres Tempo.

Christian Morgenstern

17

Der Ramapithecus

Vor etwa 15 Millionen Jahren gabelten sich die beiden Zweige der Menschenaffen und der Menschen.

Vor 13 Millionen Jahren lebte der Ramapithecus in Afrika, später in Europa und Indien. Beim jetzigen Stand der Forschung wird vermutet, daß er ein Vorfahr der Pongiden war. Er hatte die Größe eines Affen, jedoch gab es in seinem Gesicht schon Andeutungen von Ähnlichkeit mit den Pongiden. Die Fundorte belegen, daß er nicht – wie seine asiatischen Verwandten – im Urwald, sondern im offenen, baumbestandenen Gelände lebte. Daß er für kurze Zeit aufrecht gehen konnte, kann nur vermutet werden. Beweisen könnte man das nur, wenn

Ramapithecus

ein Schädel, Becken, Kniegelenk
oder Fußskelett von ihm gefunden
würde. Vor allem vom Schädel, hier
u.a. dem größeren Gehirnvolumen,
kann man auf Zweibeinigkeit schließen.
Ein in Kenia gefundenes, dem Ramapithecus zugeordnetes 14 Millionen Jahre
altes Fossil wurde Kenyapithecus genannt.
Am Fundort wurden offensichtlich
benützte Steine und gezielt zerbrochene
Knochen entdeckt. Dies ist der älteste
Hinweis auf den Gebrauch von Werkzeugen.

Kenyapithecus

Der Australopithecus

Fußabdrücke eines Australopithecus afarensis aus vulkanischen Ablagerungen in Laetoli (Tansania)

52 Knochen wurden von „Lucys" Skelett gefunden.

Vor etwa 5 Millionen Jahren entwickelten sich innerhalb der Hominiden die Familie der Australopithecinen („Südaffen"). Sie spalteten sich im Laufe der Zeit in verschiedene Gruppen auf, von denen eine die direkten Vorfahren der Menschen darstellte. Aus ihr entwickelte sich der erste „Homo", der über eine Million Jahre neben dem Australopithecus lebte und Werkzeuge nicht nur benutzen, sondern auch herstellen konnte. Der Australopithecus starb dann aus.

Die Australopithecinen kann man aufgrund ihres Aussehens in verschiedene Gruppen einteilen. Es gibt:

1. grobknochige, robust wirkende Typen. Zu ihnen gehört der A. robustus aus Südafrika und der A. boisei aus Ostafrika. Sie starben vor ca. 700000 Jahren aus.

2. zierlichere Typen. Zu ihnen zählt der A. africanus aus Süd- und Ostafrika und der A. afarensis aus Ostafrika, wahrscheinlich ein direkter Vorfahr des Homo habilis. Auch der A. africanus starb aus, während sich der Homo habilis weiterentwickelte.

Der aufregendste Fund eines Australopithecus afarensis wurde 1972 in Äthiopien gemacht. Aufregend deswegen, weil ein fast vollständiges Skelett gefunden wurde. Bis dahin waren es immer nur einzelne Zähne, Kieferknochen, Schädelteile oder sonstige Fragmente gewesen. Dieses Skelett, welches Australopithecus afarensis (Südaffe aus Afar) und scherzhaft „Lucy" genannt wurde, ist 3 Millionen Jahre alt. Es gehörte einem 20jährigen weiblichen Tier, das noch das

Gehirnvolumen eines
Affen (500 cm^3),
jedoch den Körper eines
menschenähnlichen Wesens
und menschliche Füße hatte.
Man schreibt ihm einen aufrechten, wenn
auch nach vorne gebeugten Gang zu.

Zur Erinnerung an
das Beatles-Lied, das
die Forscher fast täglich
hörten, gaben sie
ihrem sensationellen
Fund den Spitznamen
„Lucy".

Lucy in the sky with diamonds,
Picture yourself on a train
* in a station,*
With plasticine porters
* with looking glass ties*
Suddenly someone is there
* on the turnstile,*
The girl with
* the kaleidoscope eyes.*

The Beatles

Das Kind von Taung

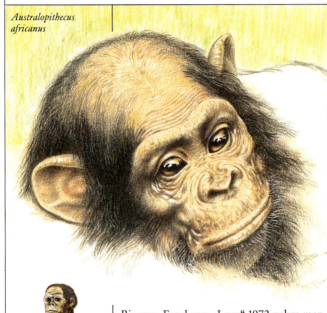

Australopithecus africanus

Bis zum Fund von „Lucy" 1972 nahm man an, daß sich der Homo aus dem Australopithecus africanus entwickelt hätte.

1924 wurde in Südafrika das „Kind von Taung" gefunden und bald als menschlicher Vorfahr eingestuft. Der Fund bekam den Namen Australopithecus africanus, nach ihm wurden alle weiteren Funde benannt.

Aus den gut erhaltenen Gesichtsknochen des ca. 6jährigen Kindes von Taung konnte das Gesicht rekonstruiert werden. Unter seinen Milchzähnen brachen schon die zweiten Zähne durch. Als Erwachsener hätte er etwa 1,25 m gemessen und 25 bis 30 kg gewogen. Sein Lebensraum war die Savanne. Er ernährte sich von Pflanzen und Kleintieren.

Das Alter des Kindes von Taung wird auf mindestens 2 Millionen Jahre geschätzt, wobei man sich nur auf die Begleitfauna, z.B. Pflanzensamen, stützen kann. Sogenannte Kulturfunde, wie etwa Werkzeuge, sind nicht gesichert, da der Fundort durch industrielle Besiedlung zerstört wurde.

Das Ende

Australopithecus robustus aus Südafrika und Australopithecus boisei aus Ostafrika hatten beide einen grobknochigen Körperbau. Sie waren ungefähr 1,50 m groß und wogen etwa 50 kg. Sie starben vor ca. 700000 Jahren aus.

Ich bin,
du bist,
wir sind –
so lernt es
jedes Kind.

Ich war,
du warst,
wir waren –
auch das ist
bald erfahren.

Und was dazwischen
so geschwind
von Tag zu Nacht
vorüberrinnt –
das ist,

das wird gewesen sein:
dein Wirbelwind
von Jahren,
der eben erst beginnt.

Max Kruse

Australopithecus africanus war nicht nur zarter, sondern auch kleiner als Australopithecus robustus. Trotzdem war er sehr widerstandsfähig und ein guter Jäger.

des Australopithecus

Neben Australopithecus robustus und A. boisei lebte ein Hominide, Homo habilis. Er überlebte die Australopithecinen, deren letzte Gruppe vor etwa einer Million Jahren ausstarb.

Australopithecus robustus hatte ein massives und schweres Gebiß, denn er ernährte sich vegetarisch.

Homo habilis

Homo habilis

Eine solche Hand kann Werkzeuge herstellen.

Homo habilis, „der geschickte Mensch", wird von manchen Wissenschaftlern der Art Australopithecus afarensis zugerechnet, von anderen als eine eigene Art betrachtet. In der Tat gibt es erhebliche Unterschiede zwischen beiden, sowohl den Körperbau als auch die Fähigkeiten betreffend. Der Kopf dieses Frühmenschen Homo habilis war schon mehr gerundet, sein Gehirnvolumen näherte sich mit 650 cm^3 etwas mehr dem des heutigen Menschen (1350 cm^3) an, das Gesicht war höher und schmaler geworden, die Arme waren kürzer, die Hände – das legen die gefundenen Steinwerkzeuge nahe – waren wahrscheinlich zarter. Das größere Gehirn deutet auf Denkfähigkeit hin.

Mit dieser „Ausrüstung" konnten nun Werkzeuge ausgedacht und hergestellt werden.
Bearbeitete Steine, die nahe bei Skeletten
gefunden wurden, belegen dies (sogenannte
Kulturfunde). Homo habilis ernährte sich
nicht nur von Pflanzen, sondern auch von
Tierfleisch. In seiner Nähe hat man Fisch-,
Krokodil-, Wildschwein-, Antilopen-, Giraf-
fen- und sogar Nilpferdreste gefunden.

Homo habilis lebte in
den Steppen Ostafrikas
bis ungefähr vor
1,5 Millionen Jahren.

Im 17. und 18. Jahrhundert einigten sich die Naturwissenschaftler darauf, Pflanzen und Tiere lateinisch zu benennen. Der schwedische Naturforscher Carl von Linné erarbeitete Ende des 18. Jahrhunderts eine systematische Einteilung des Pflanzen- und Tierreiches, die heute noch Gültigkeit hat. Etwas vereinfacht sieht diese Einteilung so aus: Das Pflanzen- und das Tierreich gliedern sich jeweils in Stämme, die Stämme in Klassen und die Klassen in Ordnungen. Die Ordnungen sind in Familien, die Familien in Gattungen, die Gattungen in Arten unterteilt. Die Art vereinigt Individuen mit gleichen Merkmalen. Männchen und Weibchen einer Art zeugen unter natürlichen Bedingungen Nachkommen, die ihrerseits untereinander wieder Nachkommen zeugen.

Innerhalb einer Art unterscheidet man noch die Rasse.

Bezogen auf den heutigen Menschen sieht dies so aus:

Tierreich: Regnum animaliae

Stamm: Chordata (Tiere mit Skelettelement im Rücken)

Klasse: Mammalia (Säugetiere)

Ordnung: Primates (Primaten, „Herrentiere")

Familie: Hominidae (Hominiden)

Gattung: Homo (der echte Mensch, wann und wo immer)

Art: Homo sapiens sapiens (der moderne Mensch)

Rasse: Europid, Negrid, Mongolid

70 Millionen Jahre Evolution

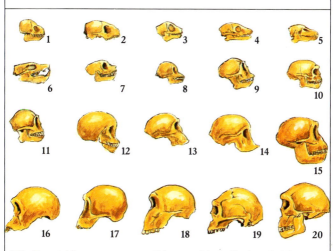

Die Entwicklung vom ersten Primaten bis zum heutigen Menschen dauerte 70 Millionen Jahre.

Mit „Lucy", dem Australopithecus afarensis, haben wir die letzte Entwicklungsstufe vor dem Menschen erreicht. Homo habilis, der erste Mensch, ist jedoch noch sehr verschieden von uns – und es haben in 3 Millionen Jahren noch viele Veränderungen stattgefunden! Aber die wichtigsten Merkmale waren schon vorhanden: die Größe des Gehirns, der aufrechte Gang, die geschickten Hände.

13 *Australopithecus africanus,* männlich
14 *Australopithecus africanus,* weiblich. Gefunden beide in Sterkfontein in Südafrika. Gehirnvolumen von 400 bis 500 cm³
15 *Australopithecus afarensis,* 3 Millionen Jahre. Bekannt unter dem Namen „Lucy"
16 *Homo habilis* 3 Millionen Jahre. Gehirnvolumen von 500 bis 700 cm³
17, 18, 19, 20 Schädel von Individuen nach Homo habilis

Die Fundorte
der ersten Menschen

- ● Fundorte des
  Australopithecus
- ● Fundorte des
  Homo habilis
- ● Fundorte des
  Homo erectus
- ● Fundorte des
  *Homo sapiens
  neanderthalensis*

Australopithecus,
das Kind von Taung:
gefunden in Südafrika

Homo habilis:
gefunden in Oldowan
(Tansania)

Homo
erectus: gefunden in
Oldowan (Tansania)

Während der großen Kontinentalverschie-
bungen entstand in Afrika ein Graben, der
sich von Moçambique bis zum Roten Meer
erstreckt, das Rift Valley. Er trennte zwei
Welten voneinander, an die sich die jeweils
dort lebenden Primaten anpassen mußten.
Im Westen der tropische Urwald, wo
Gorillas und Schimpansen (Pongiden) ihren

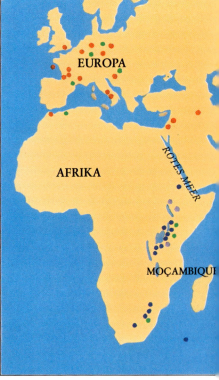

EUROPA

AFRIKA

ROTES MEER

MOÇAMBIQUE

Homo erectus: der Mensch von Mauer, entdeckt bei Heidelberg (Deutschland)

Im Vergleich: der viel später lebende Neandertaler (S. 42).

Lebensraum entfalteten; im Osten die trockene Savanne, wo das Überleben schwieriger war. Vor allem mußte hier die Fähigkeit entwickelt werden, große Distanzen schnell zu überwinden. *Australopithecus, Homo habilis* und *Homo erectus* wurden in Ostafrika entdeckt. Von hier aus verbreitete sich Homo erectus weltweit.

Homo erectus, der Peking-Mensch: entdeckt in der Grotte von Zhoukoudian (China)

Australopithecus, Lucy: gefunden in Afar (Äthiopien)

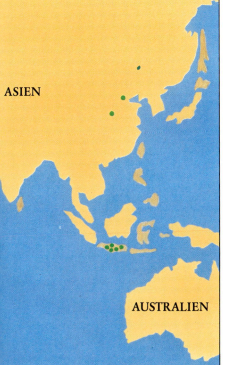

ASIEN

AUSTRALIEN

Homo erectus, der Mensch von Solo: entdeckt auf der Insel Java (Indonesien)

Homo erectus

Vor rund 1 Million Jahren machte *Homo* in seiner Entwicklung einen gewaltigen Fortschritt. *Homo habilis* breitete sich aus und veränderte sich stark. Der erste Fund 1891 (Oberschenkelknochen) bewies, daß dieser Vorfahr des Menschen aufrecht gegangen war. Er wurde darum *Homo erectus*, „der aufrechte Mensch", genannt. Sein Kopf war nun der eines Menschen. Nur die Stirn verlief noch flach zum Schädeldach hin, der Scheitel hatte eine leichte Wölbung. Über den Augen hatte er dicke Wülste. Sein Gehirnvolumen lag mit 750 bis 1225 cm^3 schon im Bereich des heute lebenden Menschen. Er war um 1,50 m groß. Es gibt Nachweise für Großwildjagd und Feuerbenutzung. Und es scheint sicher, daß er in Gruppen lebte.

Der Forscher Eugène Dubois hatte 1891 auf Java Teile eines Skeletts gefunden, dem er den Namen Pithecanthropus – „Affen-

Die Entwicklung der Menschheit

Einst haben die Kerls auf den Bäumen gehockt,
behaart und mit böser Visage.
Dann hat man sie aus dem Urwald gelockt
und die Welt asphaltiert und aufgestockt,
bis zur dreißigsten Etage.

Da saßen sie nun, den Flöhen entflohn,
in zentralgeheizten Räumen.
Da sitzen sie nun am Telefon.
Und es herrscht noch genau derselbe Ton
wie seinerzeit auf den Bäumen.

Erich Kästner

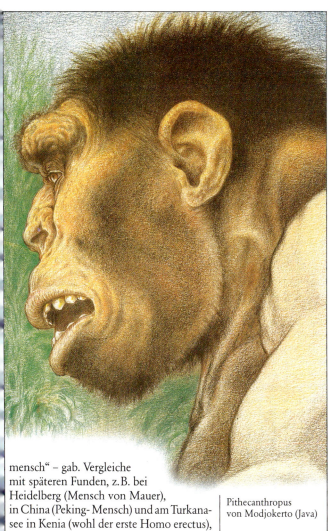

mensch" – gab. Vergleiche
mit späteren Funden, z.B. bei
Heidelberg (Mensch von Mauer),
in China (Peking- Mensch) und am Turkanasee in Kenia (wohl der erste Homo erectus),
belegen, daß er kein Affe mehr war, sondern
schon Homo erectus. Er war so groß und so
schwer wie wir, sein Gehirnvolumen betrug
schon 1225 cm^3.

Pithecanthropus
von Modjokerto (Java)

Sein Profil wird durch
die Wülste über den
Augen bestimmt.

Fähigkeiten
des Homo erectus

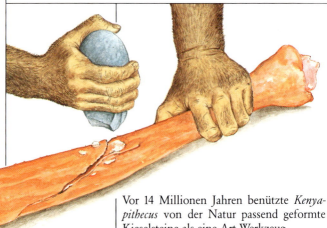

Bearbeitete Steinkerne
oder „Choppers"
(Hack-, Schlag- und
Schneidegeräte)

Vor 14 Millionen Jahren benützte *Kenya-pithecus* von der Natur passend geformte Kieselsteine als eine Art Werkzeug.

11 Millionen Jahre später, vor 3 Millionen Jahren, erschienen dann die ersten bearbeiteten Werkzeuge. *Homo habilis* begnügte sich nicht mehr mit natürlich geformten Steinen, sondern er schlug sie sich zurecht, indem er mit einem zweiten Stein Splitter abspaltete. Homo erectus machte im Prinzip anfänglich auch nichts anderes; er benützte nur die Splitter vielfältiger.

Vor 500 000 Jahren entstand eine Werkzeug-Kultur, die Acheuléen genannt wurde (nach einem Fundort: St. Acheul, Frankreich).

Es waren Faustkeile, die nun für eine lange Zeit vorherrschten. Im Laufe der Zeit wurden sie regelmäßiger, flacher, ihre Schnittflächen gerader. Für die letzte Bearbeitung scheint ein hölzerner Schlagkeil benützt worden zu sein.

Die frühen Faustkeile waren sehr groß, so daß man sich fragt, wie sie wohl eingesetzt worden sind. Später wurden sie kleiner, etwa 12–15 cm lang und 6–7 cm breit, und mandelförmig. Diese Werkzeuge wurden für vieles benützt: um Holz oder Knochen in Stücke zu hauen, um das Fleisch der erlegten Tiere von den Knochen zu trennen und von der Haut abzuschaben.

In der Oldowan-Schlucht (Tansania) wurden neben Homo-erectus-Skeletten auch Faustkeile aus der Acheuléen-Zeit gefunden. Schneidegeräte aus einer früheren Periode rechnet man der Oldowan-Kulturstufe zu.

Faustkeil aus der Acheuléen-Zeit. Der Steinkern wurde von beiden Seiten mit einem härteren Stein roh bearbeitet. Dann wurden mit einem Holzkeil die Schneideflächen feiner herausgearbeitet.

Die Entdeckung des Feuers

Zeus beschloß, sich an Prometheus
für seinen Betrug zu rächen, und
versagte den Sterblichen die letzte
Gabe, die sie zur vollendeteren
Gesittung bedurften, das Feuer.
Doch auch dafür wußte der schlaue
Sohn des Iapetos Rat.

Gustav Schwab, Auszug aus der
„Prometheus"-Sage

Rund um die Feuerstelle
entwickelte sich das Leben der Gemeinschaft.

Mit dem Homo erectus trat ein entscheidender Wendepunkt in der Entwicklungsgeschichte des Menschen ein: die Beherrschung des Feuers. Bis vor ungefähr $\frac{1}{2}$ Million Jahre war das Feuer ein erschreckendes, unkontrollierbares Naturereignis: Vulkanausbrüche, Blitzschlag, Wald- und Steppenbrände zeigten seine zerstörerische Kraft.

Dann zeigen Funde, daß Feuer benutzt wurde. Anfangs wurde es nicht gemacht, sondern von einem natürlichen Brandherd geholt und stetig gefüttert. Es gibt Überreste von Asche, verkohltem Holz und versengten Knochen, die aus dieser Zeit stammen. Homo erectus verjagte mit Hilfe des Feuers Tiere aus ihren Höhlen und benützte diese dann selbst als Unterschlupf. Er verwendete das Feuer auch für die Werkzeugherstellung. Irgendwann fand er dann auch heraus, daß man Fleisch braten kann.

Wenn man zwei Steine aneinanderschlägt, entstehen Funken. Wenn man zwei Holzstücke aneinander reibt, entsteht Wärme. Sicherlich hat die Beobachtung dieser Tatsachen den Menschen darauf gebracht, daß er selber Feuer machen könnte. Noch heute benützen primitive Völker den Feuerstab. Er wird in ein vorbereitetes Loch in einem Brett gesteckt und zwischen den Händen sehr schnell hin und her gedreht. Wenn die Stelle sich erwärmt hat, legt man getrocknetes Gras darauf. Sobald es zu brennen beginnt, füttert man die Flamme mit dürrem Reisig und Zweigen. Das Ganze dauert etwa 5 Minuten.

Terra Amata

Da das Gebiet von Terra Amata ein provisorischer Aufenthaltsort war, fand man dort keine menschlichen Überreste. Doch aus den großen Mengen an Tierskeletten und bearbeiteten Geräten erfahren wir vieles über die Lebensumstände der Jäger, die hier etwa 400 000 Jahre v. Chr. ihre Lager aufgeschlagen hatten.

Vor 400 000 Jahren gab es in der Gegend von Nizza (Südfrankreich) viele wilde Tiere: Bären, Elefanten, Nashörner, Hirsche, Wildschweine, Kaninchen. Ein kleiner Fluß in der Nähe, der Paillon, war voll von Fischen, Weichtieren und Schildkröten. An diesem Platz, am Meeresstrand und gleichzeitig in der Nähe einer Süßwasserquelle, schlugen Jägergruppen ihre Lager auf. Terra Amata ist eine der ältesten bekannten Niederlassungen in Europa.

Seit 1966 laufen hier Ausgrabungen. Das gefundene Material liefert uns eine Menge Informationen über die Techniken und die Lebensweise einer Homo-erectus-Gruppe. Wahrscheinlich kamen sie jedes Jahr im Frühling hierher und bauten auf dem windgeschützten Strand Hütten aus Holz-

pfählen. Die Hütten waren oval, etwa 10 – 15 m lang und 5 – 6 m breit. Die Holzpfähle wurden in den Boden gerammt und mit Steinblöcken gesichert. Der Boden wurde mit Kies bedeckt oder mit Tierhäuten ausgelegt. Im Mittelpunkt befand sich die Feuerstelle, entweder auf einem Kiesselbett oder in einer Bodenvertiefung. Um die Feuerstelle herum spielte sich das gemeinschaftliche Leben ab. In der Hütte wurden die Werkzeuge hergestellt, was man aus Fundstücken und Abfällen erkennen kann. Andere Stellen blieben frei. Das läßt vermuten, wo gearbeitet, wo gegessen und wo geruht wurde. Die Aufenthalte in Terra Amata dauerten nur wenige Tage. Dann brach die Gruppe zu neuen Jagdrevieren auf. Viele Werkzeuge blieben zurück.

Auf dem Gelände von Terra Amata, in Nizza, gibt es ein archäologisches Museum.

Frühformen des Homo sapiens

Homo erectus, entstanden vor 2 Millionen Jahren, entwickelte sich allmählich weiter. Vor etwa 250 000 Jahren erschien dann eine Frühform des *Homo sapiens* in Afrika, Europa und Asien: z.B. *Homo sapiens steinheimensis* (Fundorte in Steinheim, Deutschland, und Swanscombe, England). Er wies mehr Merkmale des späteren Homo sapiens (sapiens: der heutige Mensch) auf als der nach ihm auftretende Neandertaler.

Die 1935 gefundenen Schädelreste des Menschen von Swanscombe gehörten einem jungen Mann. Sein Gehirnvolumen betrug ungefähr 1100 cm³. Er lebte an den Ufern der Themse und jagte Hirsche, Wildschweine und sogar Nashörner.

Der Neandertal-Mensch

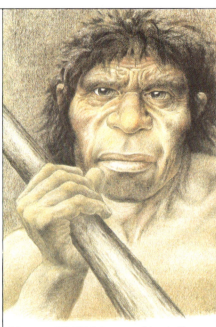

Einige Merkmale des *Neandertalers* unterscheiden ihn deutlich vom *Homo sapiens sapiens*. Er hat einen massigen Schädel mit einer flachen Stirn und Wülsten über den Augen. Typisch für ihn ist das vorspringende „Spitzgesicht". Seine Gliedmaßen sind stämmig und muskulös. Seine Körpergröße ist mit etwa 1,60 m dem heutigen Menschen schon sehr ähnlich, und auch das Gehirnvolumen ist so groß, sogar eher noch etwas größer als das des heutigen Menschen.

Vor etwa 100000 Jahren erschien in Europa eine vom Homo erectus verschiedene Form: der *Neandertaler.* Der berühmte Fund dieses Homo, von dem man bis heute nicht weiß, ob er eine eigenständige Art neben Homo sapiens oder eine Variante davon ist, stammt aus Neandertal bei Düsseldorf. Viele weitere Funde folgten, nicht nur in Westeuropa, sondern auch in Osteuropa, Nordafrika, Asien und im Nahen Osten. Mehr als 60000 Jahre lang bevölkerte er die Alte Welt und verschwand dann aus ungeklärten Gründen von der Erde.

Vor etwa 1 Million Jahren begann die erste große Eiszeit auf der Erde (Günz). Drei weitere sollten ihr folgen (Mindel, Riß und Würm). Das Klima wechselte von extremer Kälte zu den wärmeren oder gar heißen Temperaturen der Zwischeneiszeiten.

Die letzte Eiszeit (Würm) begann 70 000 und endete 10 000 Jahre v. Chr. Der zu dieser Zeit lebende Neandertaler mußte also mit extremer Kälte fertig werden. Die Temperaturen schwankten zwar, doch kann man sie sich im Durchschnitt etwa wie im heutigen Sibirien vorstellen.

Die Jagd

Zugleich mit dem Neandertaler lebten in diesem rauhen Klima auch viele Tiere, die sich der Kälte angepaßt hatten. Elefanten und Nilpferde, die früher Europa bevölkert hatten, überließen das frostige Land dem Rentier, dem Mammut, dem Nashorn, dem Steinbock, dem Hirsch und dem Bison. Fast alle heute bekannten Arten existierten bereits. Das Pferd gab es schon lange, aber gezähmt wurde es erst viel später. Dank dieser vielen großen Tiere fand der Neandertaler Nahrung im Überfluß. Es ist denkbar, daß er das viele Fleisch zu konservieren versuchte, indem er es in Schneelöcher eingrub.

Für die Jagd und das Zerlegen der Beute hatten die Neandertaler schon sehr spezielles Werkzeug. Viele solcher Werkzeuge wurden 1908 in einer Grotte bei Le Moustier (Frankreich) gefunden. Daher wird dieser Typ von Werkzeug als „Moustérien-Kultur" bezeichnet.

Die Technik, welche die Neandertaler für ihre Werkzeugherstellung benützten, nennt man Levallois. Von einem vorbereiteten Feuerstein wurden dabei mit großem Geschick Splitter abgeschlagen. Diese Splitter waren im allgemeinen länglich und flach. Von einem einzigen Steinkern konnten viele

Bison

Steinspitze
in Levallois-Technik

44

Bearbeiteter Feuerstein

dieser Splitter abgeschlagen werden. Diese wurden nun zu sehr feinen Spitzen, scharfen Messern und Schabern weiterverarbeitet. Manche Geräte wurden sogar schon mit einem Holz-, Knochen- oder Horngriff versehen. Im Gegensatz zu den früheren Faustkeilen waren die neuen Geräte klein. So konnten Holz, Knochen und Tierhäute schon viel exakter bearbeitet werden.

Rhinoceros tichurinus
(Wollnashorn)

Bestattungsriten

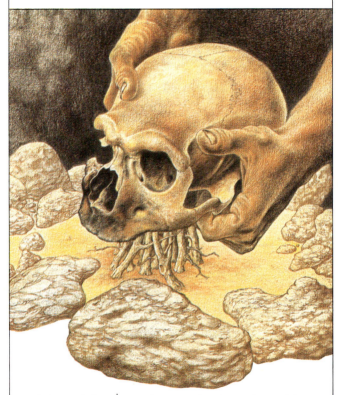

Die Skelette sind oft von Feuersteinwerkzeugen und Tierknochen umgeben.

Bei den Neandertalern zeigten sich erste Formen, die Toten zu bestatten. Man ließ sie nicht mehr einfach dort liegen, wo sie starben, sondern fing an, sie in der Nähe der Behausungen zu begraben.

Es gibt Hinweise darauf, daß die Totenbestattung mit ganz bestimmten Ritualen verbunden war. So gilt es als nahezu sicher,

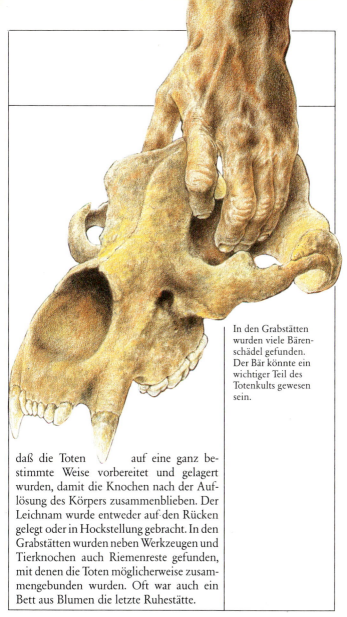

In den Grabstätten
wurden viele Bären-
schädel gefunden.
Der Bär könnte ein
wichtiger Teil des
Totenkults gewesen
sein.

daß die Toten auf eine ganz bestimmte Weise vorbereitet und gelagert
wurden, damit die Knochen nach der Auf-
lösung des Körpers zusammenblieben. Der
Leichnam wurde entweder auf den Rücken
gelegt oder in Hockstellung gebracht. In den
Grabstätten wurden neben Werkzeugen und
Tierknochen auch Riemenreste gefunden,
mit denen die Toten möglicherweise zusam-
mengebunden wurden. Oft war auch ein
Bett aus Blumen die letzte Ruhestätte.

Der Homo sapiens sapiens

Der *Homo sapiens sapiens* ist der erste Hominide, der wirklich wie ein heutiger Mensch aussieht. Man fand Fossilien in Frankreich, Deutschland und in der Tschechoslowakei.

Er war 1,70 bis 1,75 m groß, und sein Gehirnvolumen war mit dem des heutigen Menschen identisch. Er hatte sich aus den Frühformen des *Homo sapiens* entwickelt. Ein besonders robuster Typ des Homo sapiens sapiens war der Cromagnon-Mensch. Er lebte in großen Gruppen in Felsunterschlüpfen oder Hütten. Seine Lebensweise wurde durch seinen Erfindungsreichtum geprägt. Als Jäger ersann er wirksame Jagd- und Tötungsmethoden. Er entwickelte besondere Geschicklichkeit in der Herstellung seines Geräts und seiner Werkzeuge. Es bildeten sich Bräuche und Rituale heraus, die zeigen, daß er sich mit dem Verhältnis des Menschen zur Natur und zum Tod beschäftigte.

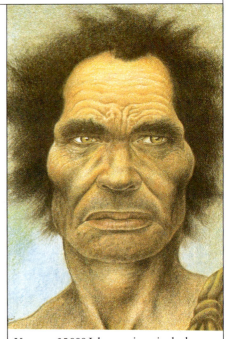

Vor etwa 35 000 Jahren, mitten in der letzten Eiszeit, tauchte in Europa der *Homo sapiens sapiens* auf und verdrängte immer mehr den Neandertaler. Von Afrika aus verbreitete und vermehrte er sich schnell auf der ganzen Erde. Da der Meeresspiegel erheblich niedriger lag als heute (um 85 m), gelangte er auf dem Landweg über die – spätere – Beringstraße nach Alaska und Nordamerika. In Texas wurden 30 000 Jahre altes Steinwerkzeug und Feuerstellen gefunden. Von Südostasien aus erreichte er per Floß Australien.

Überall auf der Welt entwickelten sich Gruppen, die isoliert voneinander lebten. Dies führte im Laufe der Zeit in den verschiedenen Kontinenten und Klimabereichen zur Bildung der verschiedenen Rassen, die wir heute kennen.

Die Techniken der Werkzeugherstellung

Herstellung von Klingen aus einem großen Feuersteinkern mit Hilfe eines Steinkeils

Schaber (der oberste mit Kerbe) und Spitze aus Feuerstein

Die ganze Schöpfung liegt da wie ein Buch, in dessen Blätter die ewige Notwendigkeit mit ehernem Griffel den Weltenplan eingegraben. Die Riesenharmonie erklingt, wir Menschen sind die Tonzeichen –

Christian Morgenstern

Schon der Neandertaler hatte verschiedene Werkzeuge zu einem festgelegten Gebrauch produziert – die Moustérien-Kultur war entstanden. Mit dem Auftreten des Homo sapiens sapiens spezialisierte sich das Werkzeug immer mehr. Anhand der Funde aus dieser Zeit lassen sich verschiedene charakteristische Kulturepochen nachweisen.

Nach den Hauptfundorten benannt sind dies:

Das *Périgordien* (bis ca. 60 000 v. Chr.). Aus dieser Zeit wurden hauptsächlich zweischneidige Klingen, Meißel, unterschiedlich geformte Spitzen und gezähnte Schaber gefunden.

Das *Aurignacien* (36 000 bis 20 000 v. Chr.). Zum ersten Mal gibt es exakt geschnittene

Knochenwerkzeuge. Schaber und Spitzen werden immer vielfältiger.

Das *Solutréen* (20000 bis 16000 v. Chr.). Bekannt geworden ist es durch seine wunderschön geformten Feuersteinblätter, die durch flaches Abschleifen erreicht wurden. Die ersten Knochennadeln wurden hergestellt.

Das *Magdalénien* (16000 bis 10000 v. Chr.). Für diese Epoche war Werkzeug aus Rentierhorn charakteristisch. Für die Häutebearbeitung wurden verschiedenartige Bohrer, Sägen und sehr kleine Feuersteinwerkzeuge (Mikrolithen) benützt.

Die Herstellungstechniken von Feuersteinwerkzeugen wurden immer raffinierter. Der Steinkern wurde nicht mehr nur mit einem härteren Stein geschlagen, sondern es wurde auch eine Art Keil angesetzt, auf den man mit einem Schlegel aus Stein klopfte. So konnten die gewünschten Formen präziser herausgearbeitet werden. Für die Bearbeitung der Kanten wurden Keile aus Holz, Knochen und Rentierhorn eingesetzt. So erhielt man viele verschiedene Werkzeuge. Der Mensch wußte nun um die unterschiedlichen Steinqualitäten. Er suchte sein Material sorgfältig aus und erhitzte es vor der Bearbeitung. Er wollte nicht nur das beste, sondern auch das schönste Ergebnis erzielen. Der Handwerker wurde zum Künstler!

Das sogenannte „Lorbeerblatt" wurde zur Herstellung von Lanzen und Dolchen verwendet.

Die Lager

Natur!
wir sind von ihr
umgeben und
umschlungen –
unvermögend, aus ihr
herauszutreten, und
unvermögend, tiefer in
sie hineinzukommen.
Ungebeten und
ungewarnt nimmt sie
uns in den Kreislauf
ihres Tanzes auf und
treibt sich mit uns
fort, bis wir ermüdet
sind und ihrem Arm
entfallen.

Johann Wolfgang
von Goethe

Die Steinzeitmenschen lebten nicht eigentlich in Höhlen. Sie richteten sich ihre Lager unter Felsüberhängen ein. Als Abschluß stellten sie rundherum Baumstämme an den Felsen auf und legten Zweige und Felle darüber. Wo es diese natürliche Unterschlupfmöglichkeit nicht gab, bauten sie Hütten aus Holz, Stein oder Fellen, die sie entweder in einer großen Höhle oder unter freiem Himmel aufstellten.

In Sibirien, wo es zu dieser Zeit kaum Holz gab, benützte der Steinzeitmensch Mammutknochen und -stoßzähne als Stützen für seine Zelte.

Es war die Zeit der Jagd auf großes Wild.

An den Ausgrabungsorten Solutré (Frankreich), Predmosti (Mähren) und Ambrosieka (Ukraine) wurden massenweise Pferde-, Mammut- und Bisonskelette zutage gefördert.

Fund

Versteinerter Fisch:
Er regte die Flossen vor
Jahrmillionen…

Josef Guggenmos

Die Höhlenmalerei

Bison
in der Höhle
von Altamira
(Spanien)

20 000 Jahre lang, von 35 000 bis 15 000 v. Chr., zeichnete und malte der Homo sapiens sapiens seine berühmten Höhlenbilder auf die Felswände der Höhlen und schnitt sie in den Stein, oft an den unzugänglichsten Stellen. Diese Wandmalereien kann man in ganz Südeuropa finden, viele davon in Spanien, Frankreich und auf Sizilien. Diese Kunstwerke wurden mit einfachen, aber zweckmäßigen Instrumenten geschaffen. Auf harten Kalkwänden wurde ein Feuersteinstichel benützt, auf weichem Fels mit Fingern gemalt.

Der „Fries der Stiere"
(der größte Stier mißt
5 m) schmückt die erste
Kammer der Höhle
von Lascaux (Frank-
reich), entstanden
15 000 Jahre v. Chr.

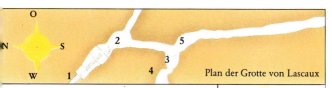

O
N   S
W

2   5
        3
1   4

Plan der Grotte von Lascaux

In hohen Höhlen wurden manchmal Löcher in den Wänden und Seilreste gefunden: Belege für Holzgerüstkonstruktionen, die benötigt wurden, um an die Decke malen zu können.

1 Eingang
2 Rotunde
3 Apsis

4 Brunnenschächte
5 Schiff

Die Beleuchtung bestand aus Talglampen. Das waren ausgehöhlte Steine mit einem Docht aus Wacholderholz, das ohne Rauch verbrennt.

Galoppierendes Pferd
(Höhle von Lascaux)

Als Farben wurden gelbe und rote Töpfererde, weiße Porzellanerde, grauschwarzes Manganoxid und rotbraunes Eisenerz benützt. Man konnte sie wie Kreide direkt auftragen oder in gekochtem oder pulverisiertem Zustand durch einen hohlen Knochen blasen. Die Farben konnten auch mit Tierfett vermischt und dann mit einem Tierhaarpinsel aufgetragen werden.

Es ist erstaunlich, wie sehr sich die Höhlenmalerei überall ähnelt. Von A. Leroi-Gourhan stammt eine Einteilung in 4 verschiedene Stilrichtungen.

Stil I (35 000 bis 22 000 v. Chr.): Gravierte Steinplatten mit Fruchtbarkeitssymbolen oder in Umrissen angedeuteten Tieren.

Stil II (22 000 bis 17 000 v. Chr.): Die Tiere wurden jetzt differenzierter dargestellt; man erkennt Ohren, Schwanz, Hörner, Stoßzähne und Haare.

Stil III (17 000 bis 13 000 v. Chr.): Aus dieser Zeit stammen die schönsten Werke. Die Tiere sind in Größe und Farbe sehr genau dargestellt.

Stil IV: Diese Malereien liegen in sehr tiefen Höhlen. Die Proportionen der Tiere und ihre Bewegungen sind präzise wiedergegeben.

Die Höhle von Pech-Merle (Frankreich) birgt 2 km Wandgemälde! Auf diesem Bild sieht man Apfelschimmel und Handabdrücke. Dafür legte man eine Hand auf die Wand und stäubte dann Farbpulver darüber. Wenn man die Hand wegnahm, wurde der Abdruck auf der Wand sichtbar.

Über die Bedeutung der Höhlenmalereien existieren verschiedene Anschauungen. Für die einen beschwören sie den erfolgreichen Ausgang einer Jagd. Die anderen glauben, daß sie eine symbolische Darstellung der jeweiligen Sippe sind. Genauso könnten sie jedoch einfach die Gedanken ausdrücken, die sich die damaligen Menschen über die Natur, die Tiere, deren Leben und Tod und damit über das Leben und den Tod überhaupt machten.

Viele Höhlen sind sehr schwer zugänglich und niedrig. Es ist kaum vorstellbar, wie in einem so engen, nur 1 m hohen Raum ein solches Kunstwerk entstehen konnte. Der Künstler mußte, auf dem Rücken liegend, bei schlechtester Beleuchtung ein Bild malen, von dem er immer nur einen kleinen Ausschnitt sah.

Stier und ährenförmig angeordnete Pfeile

▲ Dieses Fabelwesen aus der Höhle bei Ariège (Frankreich) ist eine Mischung aus verschiedenen Lebewesen: Beine und Füße sind menschlich, Hände und Arme könnten einem Bären gehören, und der Rücken mit dem Schweif erinnert an ein Pferd.

Skulpturen

Pferdestatuette aus Lourdes (Frankreich)

Frauenkopf aus Brassempouy (Frankreich). Elfenbein, Höhe 36 mm

Während die Höhlenmalerei hauptsächlich in Spanien, Frankreich und Italien verbreitet war, galt dies nicht für die Skulpturen, welche zum Hausrat gehörten. In ganz Europa wurde zum Beispiel Schmuck hergestellt. Es waren überwiegend Ketten oder Anhänger aus Elfenbein, Knochen oder Zähnen. Neue Techniken machten es möglich, solche Gegenstände mit Löchern zu versehen. Auch andere Gegenstände, wie Lanzen oder Wurfspieße, wurden mit zarten Gravuren verziert.

Am erstaunlichsten sind die Darstellungen von Frauen oder Fruchtbarkeitsgöttinnen. Dazu zählen der elfenbeinerne Frauenkopf aus Brassempouy oder die Statuetten der Venus von Lespugue und von Lausel (beide Frankreich), von Dolni Vestonice (Tschechoslowakei), Willendorf (Österreich), von Savigno (Italien) oder Avdieeivo (Sowjetunion).

Venus von Lespugue

Bemalte Kiesel

58

Wurfgeschoß aus Hirschhorn
(Frankreich)

Manche dieser Figuren sind wirklichkeitsgetreu nachgebildet, andere abstrakt oder nur als Umriß erkennbar.

Osteuropa ist ein Schwerpunkt dieser besonderen Kunst. Sie deutet auf die Existenz eines Fruchtbarkeitskultes hin, der bis zum Neolithikum in verschiedenen Formen verbreitet ist.

Was wäre wohl aus der Welt geworden, wenn alle zum Mitschaffen Aufgerufenen immer gleich „schnurstracks" auf ihr Ziel losgegangen wären. Alle Weisheit ist langsam, alles Schaffen umständlich.

Christian Morgenstern

Venus von Willendorf
(Österreich). Kalkstein
mit Spuren einer Rotfärbung. Größe 110 mm.

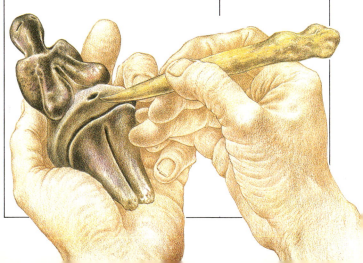

Lebensformen im Mesolithikum

Ein Bohrer wird zugeschnitten.

Beim Schleifen

Im Gebrauch

Aus einem Feuerstein wird grob eine Klinge herausgearbeitet. Dann beginnt die 2. Bearbeitungsstufe. Mit einem Knochenstück wird eine dreieckige Spitze herausgeschlagen, diese auf einem Stein zurechtgeschliffen. Mit diesem Bohrer kann man nun z.B. Löcher in ein Lederstück bohren, durch die man dann Riemen ziehen kann.

Als vor rund 12 000 Jahren die Eiszeiten zu Ende gingen, veränderten sich die Lebensbedingungen auf der Erde. Es wurde wärmer, dadurch schmolzen die Gletscher. Der Meeresspiegel stieg beträchtlich, und die Küsten erhielten ihr heutiges Aussehen. Die Britischen Inseln wurden vom europäischen Festland getrennt. Die Steppen verwandelten sich in Weideland, die kältegewohnten Tiere wanderten nach Norden ab. In den Wäldern der gemäßigten Klimazonen lebte nun der Hirsch anstelle des Rentieres. Das Mammut verschwand...

Der Lebensraum des Menschen wandelte sich, und unter den neuen Bedingungen entstanden neue Arbeitstechniken und Gewohnheiten.

Das Mesolithikum (10 000 bis 5 000 Jahre

v. Chr.) ist die Übergangszeit zwischen Paläolithikum (Altsteinzeit) und Neolithikum (Neusteinzeit), die die großen Veränderungen vorbereitete, die zur Welt in der heutigen Form führten. Der Mensch im Mesolithikum ernährte sich als Jäger noch von Hirsch und Wildschwein. Daneben wurde er aber auch zum Sammler, Pflücker und Fischer. Große Lager von Schneckenhäusern, Muscheln und Fischgräten belegen dies.

Die Herstellung von Geräten aus Feuerstein wurde überall perfektioniert. Es tauchten winzige und komplizierte Werkzeuge und Werkzeugteile auf: Nadeln, Angelhaken, Harpunenspitzen. Diese Objekte werden wegen ihrer Kleinheit als Mikrolithen bezeichnet.

Der Meißel war das Allzweckinstrument. Mit ihm konnte man alle Werkzeuge aus Holz oder Knochen herstellen, die man brauchte. Um z.B. eine Nadel aus Hirschhorn herzustellen, wurde ein Dreieck in der gewünschten Länge vorgezeichnet, und man löste diese lange Spitze dann mit dem Meißel heraus.

Das breite Ende wurde auf einem Sandstein flach geschliffen. Danach wurde mit einem Bohrer ein Nadelöhr gebohrt. Die Nadel selbst wurde nun zuerst rund geschliffen, dann mußte nur noch die Spitze in einer Sandsteinrille scharf geschliffen werden.

Dieser 1 m lange Lachs ist in die Decke eines Felsüberhangs bei Eyzies (Frankreich) eingraviert.

Nadel (Knochen)
Meißel (Feuerstein)

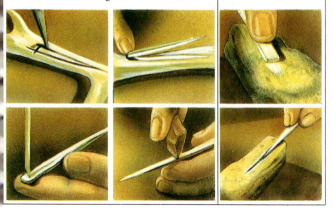

61

Die Siedlungen
im Nahen Osten

In Hacilar (Türkei) wurden die Backsteinhäuser von einer Außenmauer umgeben.

In Chirotikaia (Zypern) baute man wabenförmige Häuser aus Stein.

Während in ganz Europa die Menschen noch von der Jagd, dem Sammeln von kleinen Tieren und von der Fischerei leben, entstand im Nahen Osten eine neue Lebensform, die mit dem Einsammeln von wilden Getreidesorten ihren Anfang nahm. Es war die Geburtsstunde des Ackerbaus.

Vor 10000 Jahren gab es in Jordanien, im Süden der Türkei und im Iran schon Steinhäuser, Getreidespeicher, Mühlsteine und Sicheln. Man nennt diese Region den „fruchtbaren Halbmond". Zur damaligen Zeit entdeckte der Mensch die Möglichkeit, bestimmte Tiere als Herde zu halten, anstatt sie auf freier Wildbahn zu jagen. Schafe und Ziegen, beides Tierarten mit einem ausgeprägten Herdentrieb, waren die ersten domestizierten, d.h. gezähmten Tiere. Während nun einige Gruppen seßhaft wurden, um das in der Ernährung immer wichtiger werdende Getreide anzubauen,

führten andere Gruppen wiederum ein Nomadenleben, jedoch nicht mehr, um zu jagen oder zu sammeln, sondern um die wandernden Herden zu beaufsichtigen.

Irgendwann fängt etwas an

Etwas endet und etwas fängt an.
Jetzt war vorhin irgendwann.
Gestern ist heute lange vorbei,
und morgen ist morgen heute.
Der nächste Augenblick ist weit...
Schwimm wie ein Schiff auf der Zeit!

Susanne Kilian

In Jarmo (Irak) liegen auf den Lehmmauern der Häuser hölzerne Querbalken, auf denen das Dach ruht.

Jedes Haus hat einen Innenhof, in dem sich die Feuerstelle befindet.

Der Rauch der Feuerstelle entweicht durch ein Loch im Dach.

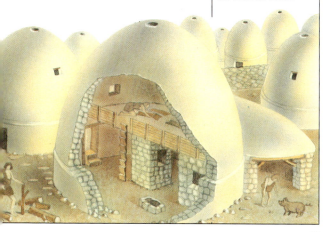

63

Das Leben
am Ufer eines Sees

Lange hatte man geglaubt, daß die Pfähle, die man im Wasser fand, von Pfahlbauten stammten.
Heute weiß man, daß die Häuser am Seeufer gebaut wurden und erst später durch steigenden Wasserspiegel überschwemmt wurden.

Im Mesolithikum entdeckten und besiedelten die Menschen weite Teile der Erde. Sie suchten ihren Lebensraum jedoch immer danach aus, wo die besten Nahrungsmöglichkeiten und die besten Feuersteinvorkommen für ihre Werkzeuge zu finden waren.

Im Neolithikum (5000 bis 2000 Jahre v. Chr.) begnügten sie sich nicht mehr mit den natürlichen Gegebenheiten, sondern fingen an, Land urbar zu machen und Ackerbau zu betreiben. Überall wurde der Lebensraum nun mit der für diese Periode typischen geschliffenen Axt ausgeweitet und für menschliche Zwecke genutzt.

Eine ganze Anzahl von neolithischen Siedlungen in Europa sind bekannt. Eine rege Ausgrabungstätigkeit in Ost- und Westeuropa ermöglichte die Rekonstruktion ganzer Dorfanlagen.

Doch natürlich ist fast alles, was in diesen Dörfern pflanzlichen oder tierischen Ursprungs war (mit Ausnahme der Knochen), verschwunden. Aus den Pfahllöchern kann man jedoch noch die Grundrisse der Häuser rekonstruieren. Steingeräte, Tonwaren und Feuerstellen geben Aufschluß über die verschiedenen Tätigkeiten und ihre Einordnung im Dorfgeschehen.

Darüber hinaus haben Archäologen in der Schweiz, in Bayern und Österreich im Schlamm von Seen hervorragend konservierte Gegenstände aus pflanzlichen und tierischen Materialien entdeckt.

Auch Charavines in Frankreich ist so ein Fundort. Am Ufer des Sees liegt ein Dorf aus fünf oder sechs Häusern, umgeben von einem Holzzaun.

Den Häusern vorgebaut war ein überdachter Platz, eine Art Veranda. Hier wurden Tiere zerlegt. Im Innern der Häuser befanden sich zwei Räume. Der eine war „Aufenthaltsraum", der andere diente als Küche.

Geschlafen wurde im Aufenthaltsraum. Die Schlafstelle war mit Baumnadeln ausgestreut, darüber ein Tuch gelegt.

In der Küche fand man auch Spuren anderer Tätigkeiten: Weberei, Näherei, Leder- und Korbarbeiten.

Siedlung an einem Seeufer

Um einen Pfahl in den Boden zu rammen, dreht man ihn, wobei er sich durch sein eigenes Gewicht langsam in die Erde senkt.

Eine Steinklinge wird mit einem Zwischenstück aus Hirschhorn am Holzgriff festgemacht.

Die in den dazugehörigen Erdschichten gefundenen Körner und Pollen geben Aufschluß über die damalige Vegetation rund um Charavines. Auch kann man sehen, wie sich die Eingriffe des Menschen damals ausgewirkt haben.

Die Tannenwälder wurden abgeholzt, weil man das Holz für die Häuser brauchte. Der Ackerbau wurde zuerst in einiger Entfernung von der Siedlung betrieben, später rückte er näher ans Dorf heran. Die Rodungen gingen so vor sich, daß die Bäume geschlagen und an Ort und Stelle verbrannt wurden. Weil aber die Böden nie richtig gepflügt wurden, laugten sie schnell aus. Wenn dann alles Land auf diese Weise verbraucht war, mußte das Dorf aufgegeben und weiter entfernt neu aufgebaut werden. An dieselbe Stelle konnte ein Dorf erst wieder Jahrzehnte später kommen, wenn der Wald auf den verlassenen Feldern nachgewachsen und der Boden somit wieder fruchtbar war.

Dolch und Axt

Die Viehzucht ist nicht nur für die Ernährung, sondern auch für das Handwerk von Bedeutung. Im Prinzip wurden die gleichen Tiere gehalten wie heute.

Schweine gab es am meisten; sie suchten sich Eicheln und Wurzeln im Unterholz. Schafe und Ziegen brauchten mehr Aufsicht; ihre Nahrung fanden sie in Hecken und Lichtungen. Rinder gab es kaum in Charavines, wohl weil es schwierig war, von der gerodeten Ackerfläche etwas für Weidezwecke zu verwenden.

Die Herden lieferten Fleisch, Häute und Wolle. Die Jagd wurde nur als Ergänzung beibehalten, mit Ausnahme der Hirschjagd. Sie schien eine besondere Rolle einzunehmen. Sie lieferte nicht nur Fleisch, sondern auch das kostbare Horn, mit dem die verschiedensten Werkzeuge hergestellt wurden.

Ein 8,5 m langer Einbaum aus dem Stamm einer Eiche weist auf den Fischfang im See hin.

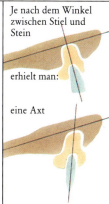

Je nach dem Winkel zwischen Stiel und Stein

erhielt man:

eine Axt

eine Hacke

Schaber:
Eine feine Feuersteinklinge wurde in ein Holzstück eingepaßt und mit Baumharz festgeklebt.

Rundes Tongeschirr

Hölzerne
Löffel

Rührgerät
aus
Tannen-
holz

In die Töpfe wurden
erhitzte Steine gelegt.

Der Ackerbau brachte die Menschen dazu, seßhaft zu werden und neue Gewohnheiten anzunehmen. Es entstanden die ersten gebrannten Tongeschirre. Sie waren schwer und zerbrachen leicht, aber in Größe und Form eigneten sie sich gut, um Nahrungsmittel zu kochen und Vorräte aufzubewahren. Die Tongeschirre, die man fand, waren glatt getöpfert (zuerst sicher mit Hilfe der Finger, später dann mit einem Stein oder Holzspatel) und unten rund. Genau wie noch im heutigen Afrika wurden sie in einem Erdloch gebrannt, auf das trockenes Gras und trockene Zweige geschichtet wurden.

Man kann sich die Vorbereitung und das Kochen einiger Lebensmittel heute ganz gut vorstellen: Erst wurde Korn zwischen zwei Steinen zermahlen, dann kam Flüssigkeit dazu. Um die Masse zum Kochen zu bringen, wurden glühendheiße Kieselsteine in den Topf geworfen. Nach dem Abkühlen war eine Art Kuchen entstanden.

Es gab drei verschiedene Getreidesorten. Zwei davon wurden als ganze Ähren geerntet, ins Dorf gebracht und dort gedroschen. Die dritte, empfindlichere, Sorte wurde an Ort und Stelle gedroschen, und nur die Körner wurden nach Hause transportiert. Für die Ernte wurden Sensen benützt. Diese bestanden aus einem gekrümmten Ast, der durch eine Reihe von Steinplättchen, die in einer Rille festgeklebt waren, eine Schneide bekommen hatte.

In Charavines hat man so ziemlich alle eßbaren Arten von Samen, Früchten, Beeren und Wurzeln gefunden, angefangen vom Apfel bis hin zu Erdbeeren und Trauben. Man vermutet, daß auch schon die Wirkung einiger Heilpflanzen bekannt war.

Die Bewohner von Charavines konnten auch schon Körbe flechten. Es wurden Reste von Flechtwerk gefunden. Die Technik scheint der heutigen sehr ähnlich gewesen zu sein. Leider ist kein Korb vollständig erhalten; so wissen wir nicht, wie groß die Körbe waren und welche Formen sie hatten.

Materialien wie Leinen, Nessel, Rindenfasern und Wolle wurden auf Spindeln gesponnen. Diese waren mit einer Stein- oder Tonscheibe beschwert. Der gesponnene Faden wurde zu Stoffen gewebt, vielleicht auch schon verstrickt.

Gewichte, Spindel, Nähnadel, Stecknadel und Stichel

Horizontaler Webstuhl

Holzspindel, mit einer Tonscheibe versehen

Megalithe

In Reihen aufgestellte Menhire (Druidensteine) bei Carnac (Frankreich). Es existieren noch 1169 solcher Steinblöcke. 70 stehen in einem Halbkreis, 1099 sind in Reihen angeordnet.

Der seßhafte Mensch des Neolithikums beanspruchte nun für sich bestimmte Plätze und Gebiete. Und zum ersten Mal versah er sie bewußt mit Zeichen seiner Kultur. Die megalithischen Denkmäler sind außergewöhnliche Zeugen der Besitzergreifung solcher Orte durch den Menschen: Carnac (Frankreich) und seine in Reihen aufgestellten Menhire (Druidensteine), Stonehenge (England) und sein berühmter Cromlech (Steinkreis), der Dolmen (Grabdenkmal) mit seinem Steingang von La Roche aux Fées (Frankreich). Schon immer hatte man versucht, den Zweck dieser Bauwerke zu verstehen: Man brachte die Steinreihen von Carnac mit einem Sonnen- oder Mondkult in Verbindung, und man vermutete, daß Stonehenge ein astronomisches Observatorium gewesen ist. Der Zweck der Dolmen ist klarer: Sie scheinen kollektive Gräber gewesen zu sein, eine Art Friedhof für ein Dorf.

Die megalithischen Denkmäler zeigen uns vor allem eines: daß vor etwa 4000 Jahren menschliche Gemeinschaften existierten, die zur kollektiven Arbeit fähig waren.

Um einen solchen riesigen Stein und, erst recht, um solche Steinbauten wie z.B. die in Carnac oder Stonehenge zu errichten, mußten sich verschiedene Dörfer (jeweils 20 bis 30 Personen) zusammentun. Man kann es sich so vorstellen, daß sie von sehr weit her zu den Bauplätzen kamen und unter der Anleitung von Baumeistern alle auf das eine Ziel hinarbeiteten: in der Landschaft ein Denkmal ihrer Kultur zu hinterlassen.

Steingang bei Anto do Silval (Portugal)

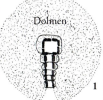

1 Einfacher Gang
2 Rechtwinklig ange-
  legter Gang

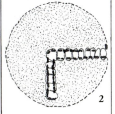

Grabkammer im Dolmen von La Roche aux Fées

Die 5 Tonnen schweren Doleriten wurden über 250 km, die 30 bis 50 Tonnen schweren braunen Sandsteinblöcke über 32 km herangeschleppt!

Der Cromlech, die Kultstätte von Stonehenge, wurde zwischen 1900 und 1600 v. Chr. erbaut. Vier Steinkreise sind von einem Wassergraben umgeben, ins Zentrum kam ein großer flacher Stein. Ein fünfter großer Steinkreis umschloß das Ganze.

Die auf einer Art Schlitten festgebundenen Blöcke wurden auf Baumstämme gelegt und vorwärts geschoben. In einem Tag schafften 16 Männer 1 Tonne 1500 m weit.

Die Steinblöcke wurden erst grob bearbeitet und gespalten: Man legte Feuer entlang einer vorgeritzten Bruchlinie und goß dann kaltes Wasser hinein. Wenn man dann draufschlug, brach der Block auseinander.

Um die Blöcke an Ort und Stelle aufzurichten, hob man Gruben aus, deren eine Seite mit Holzpfählen befestigt wurde. Mit Hilfe von Hebeln kippten nun 200 Männer den Stein in die Grube.

Dieser Holzturm wurde aus 250 Rundhölzern von 6 m Länge und 15 cm Durchmesser gebaut.

Um den Sturz – den waagrechten Block – auf die Steinpfeiler zu hieven, wurde ein Holzturm Etage um Etage hochgezogen, bis die Höhe der Pfeiler erreicht war. Die Seile, die dazu benützt wurden, waren aus Leder.

Die Errichtung von Stonehenge ist das Werk von rund 1 500 000 Arbeitstagen. Von den damals 300 000 Bewohnern Englands arbeiteten wohl 1000 an dem Bauwerk mit.

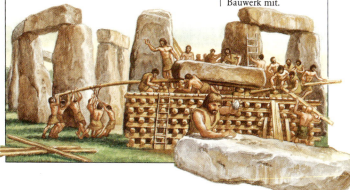

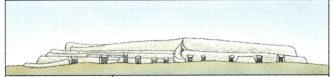

Vorderansicht mit den 11 Öffnungen.
Der älteste Teil ist rechts.

In ganz Westeuropa wurden für die Behausungen Holz und Stroh verwendet. Die ersten festen Bauwerke dagegen waren durchwegs Gräber.

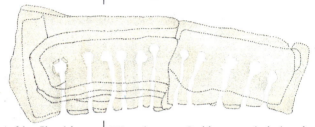

Auf dem Plan sieht man die 11 Durchgänge. Sie münden in Grabkammern. Es sind kleine runde Räume, mit einer Kuppel überdacht.

Der Grabhügel von Barnenez (Frankreich) ist in seiner ganzen Ausdehnung 70 m lang, 30 m breit und 6 m hoch. Bedeckt ist er mit grobem Kies.

Die ältesten Grabbauten sind in der Bretagne (Frankreich). Sie sind 6000 Jahre alt. Der Grabhügel von Barnenez vereinigte 11 Grabkammern unter seinem Dach. Eine zuerst gebaute Gruppierung bestand aus 5 Dolmen mit je einem Steingang, der in eine Grabkammer mündete. Die 3,5 m hohe kegelförmige Kuppel war aus kleineren Steinblöcken gebildet. Zwei oder drei Jahrhunderte später wurde noch ein zweiter Komplex mit 6 Dolmen angebaut.

Die Kunst des Neolithikums, seien es nun Wandmalereien, Skulpturen oder Gravuren auf Stein, ist aufs engste mit den Begräbnisriten verbunden.

Den aus der Altsteinzeit stammenden Fruchtbarkeitskult findet man sowohl in den kleinen Ton-, Knochen- oder Elfenbeinstatuen des Nahen Ostens als auch an den Wänden der westeuropäischen Dolmen.

Den Ochsen, ein heiliges Tier, fand man auf den Wandmalereien von Çatal Hüyük (Türkei) ebenso wie in den stilisierten U-förmigen Gravuren der Dolmen.

Es wurden auch Gebrauchsgegenstände des täglichen Lebens abgebildet: Waffen, Pfeile, Beile, Pflüge. Auf Korsika und im ganzen Mittelmeerraum wurden gravierte Steinblöcke gefunden, die Krieger und Waffen darstellen.

Dabei handelt es sich um figürliche Darstellungen. Wenn ihre Bedeutung auch vielschichtig ist, so kann man sie doch „entziffern". Demgegenüber geben abstrakte Zeichen an den Wänden bretonischer oder irischer Dolmen auch heute noch Rätsel auf.

Gravur im Dolmen von Gavrinis in der Bretagne

Statue der Fruchtbarkeitsgöttin aus Çatal Hüyük (Türkei)

Menhire in Filitosa (Korsika)

Die Entdeckung des Metalls

Sobald das Metall vom Erz getrennt war, nahm man es vom Feuer und legte es in einen Keramiktiegel. Dieser wurde in glühende Asche gestellt. Während man die Glut mit einem Blasrohr anfachte, schmolz das Metall. Man trug es dann mit Hilfe von frischen Ästen (die nicht anbrannten) zu einer Steinform. Nach einigen Minuten war das Metall erkaltet und hart geworden.

Den Erzen entgegen

*Darauf stieg ich
zum erhabenen Gestein von Salz
  und Gold auf,
zur erdbedeckten Republik
der Metalle:
sanfte Wände waren, in denen ein
Stein sich am andern hält
durch einen Kuß dunklen Lehms.*

Pablo Neruda

Auch nach der Entdeckung des Metalls behielten die Menschen ihre mittlerweile sehr ausgereiften Gebrauchsgegenstände aus der Tradition des Paläolithikums und des Neolithikums bei: Schlagwerkzeuge aus Feuerstein und geschliffene Steingeräte hatten noch lange ihre wichtige Rolle im täglichen Leben.

Bronzemesser und dazugehörige Steinform

Schmuckring

Nadel zur Befestigung von Kleidung (Europa)

Gold und Silber wurden anfangs rein dekorativ verwendet. Es wurden gehämmerte Schmuckstücke und Geschmeide hergestellt.

Mit der Entdeckung des Metalls gelangte der Mensch an einen Angelpunkt der technischen Entwicklung. Niemand weiß zwar, wie er dazu kam, das Metall vom Erz zu trennen, aber wir wissen, daß etwa vor 4000 Jahren das Metall schon eine Rolle im täglichen Leben spielte. Aus dieser Zeit stammen praktisch alle grundlegenden Arbeitsgeräte, die für den Ackerbau benötigt wurden. In landwirtschaftlich intensiv genutzten Gegenden waren unter anderem die Hacke, das Beil, das Messer und der Meißel bekannt. Die Grundformen dieser Arbeitsgeräte haben sich bis heute nicht verändert.

Fragment eines Armreifs mit Schneckenverzierung

Die erste Sicherheitsnadel

Erster Tauschhandel

Seit der Altsteinzeit wurden die für die Werkzeugherstellung benötigten Steine von weit hergeholt. Feuerstein und andere harte Gesteine waren rar, und so begann man mit der Ausbeutung der Steinbrüche. Im Elsaß, in Nord- und Südfrankreich und sogar in Großbritannien wurden Werkzeuge aus Dolerit (das ist ein grüner gesprenkelter Stein) gefunden, der aus einem Steinbruch in der Bretagne stammte!

Ein Handel entwickelte sich jedoch erst in der Bronzezeit (in Europa von 1900 bis 800 v. Chr.). Auf Erze konnte nicht mehr verzichtet werden, und in diesem Zusammenhang entstanden die ersten Straßen.

Ritueller Bronzewagen (Länge: 35 cm). Er wurde in einem österreichischen Grab aus dem 7. Jh. v. Chr. gefunden.

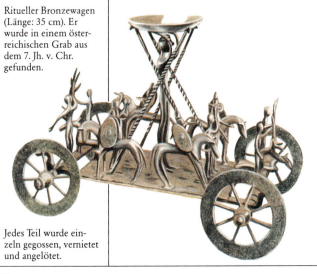

Jedes Teil wurde einzeln gegossen, vernietet und angelötet.

Diese neuen Handelswege gab es bald überall. Sie trafen jeweils an den passierbaren Stellen im unwegsamen Gelände zusammen, an den Pässen, Furten und Moorpfaden. Entlang diesen Straßen der Bronzezeit befanden sich unzählige Depots: Verstecke, in denen die Händler ihre Waren, die Gießer ihre Metallbarren, Geräte- und Waffenmaterial lagerten. Bei schwierigen Übergängen war es üblich, eine rituelle Handlung zu vollziehen, z.B. beim Überqueren einer Furt eine Waffe ins Wasser zu werfen.

Von dieser Zeit an wurde es schnell notwendig, die neuen Verbindungswege zu sichern und zu überwachen. Man baute erste Lager für Kontrollposten, die von nun an auch strategische Aufgaben zu erfüllen hatten.

Mit dem Tausch der Rohstoffe kam gleichzeitig ein Austausch von Gedanken, Kenntnissen und Techniken in Gang. Ob und in welcher Form bereits Lebensmittel Gegenstand des Tauschs waren, bleibt wegen der fehlenden Spuren im dunkeln.

In der Neusteinzeit kann man schon deutlich den Einfluß erkennen, den voneinander getrennt lebende Gruppen gegenseitig ausübten. In der Bronzezeit verstärkten sich diese Einflüsse noch. Von der Bretagne bis nach Zentraleuropa, vom Mittelmeer bis nach Großbritannien verbreiteten sich regelrechte Geistesströmungen, die in engem Zusammenhang mit dem aufkommenden Tauschhandel standen.

Assyrisches Relief, 7. Jahrhundert v. Chr.

Pfeil- und Lanzenspitzen aus Metall

Die Grabstätten

Der Grabhügel von St. Jude in Bourbriac (Frankreich) wurde 1800 v. Chr. errichtet. Er mißt 4 m in der Höhe und 20 m im Durchmesser. Das 2 m tiefe Grabgewölbe ist mit Rundhölzern palisadenartig ausgekleidet und abgedeckt. Darüber liegen Steine. Um den Körper des Verstorbenen noch besser zu schützen, wurde das Ganze mit einer Holzkonstruktion überdacht und mit Stroh und Farnen abgedeckt. In dieser Grabkammer lag nun der Tote. Er war seitwärts gelagert, der Kopf nach Osten ausgerichtet.

Von etwa 1800 v. Chr. an wendete man sich von der Gruppenbestattung der megalithischen Zeit ab und bestattete nunmehr die Toten in Einzelgräbern. Dies hing nicht zuletzt mit dem technischen Fortschritt zusammen, der den Bewohnern mancher Regionen Reichtum brachte und eine allgemeine Veränderung der Geisteshaltung und der religiösen und kultischen Gewohnheiten bewirkte. Die Toten wurden in Holz- oder Steinsärge gelegt und unter einem Erdhügel begraben, dem sogenannten Grabhügel oder Tumulus.

Viele solche Grabhügel sind geöffnet worden (allein in der Bretagne etwa 500

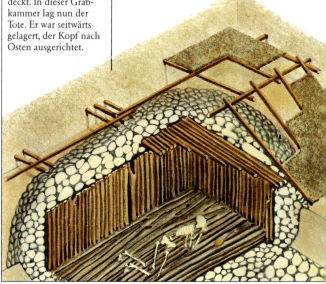

Gräber), und so wissen wir heute nicht nur etwas über die Gräberarchitektur und die Begräbnisrituale, sondern wir erfahren auch etwas über den Alltag dieser Zeit. Den Toten wurden alle Arten von Gebrauchsgegenständen mit ins Grab gegeben: Töpferwaren (1), Werkzeuge und Pfeilspitzen aus Feuerstein (2) und aus Bronze (3), Schleifsteine, Mühlsteine, Schmuck.

Manche Gräber wurden reich ausgestattet mit Waffen (4), Gold- (5,6) und Silberschmuck (7), andere bescheidener.

Der Tote wurde einfach auf den Boden gelegt; als Beigaben genügten ein paar Töpferwaren. Doch immer ist das Bemühen zu erkennen, die Toten zu ehren.

Tumulus von Bourbriac

81

Die Geburt der Geschichte

In der sumerischen Keilschrift wurde jedes Wort durch ein eigenes Zeichen dargestellt, und nicht durch Buchstaben. Der Stern hatte die Bedeutung „Himmel" oder „Gott".

Enlil, dessen Macht weithin reicht, ist der Herr, der in alle Ewigkeit die Geschicke bestimmt. Seine Augen überschauen die Lande und erforschen das Herz Sumers. Seine Worte sind unabänderlich. Er duldet keine Hochmütigen und keine Unterdrücker in seiner Stadt Nippur. Er hält das große Netz, und kein Gottloser und Missetäter entrinnt den Maschen...

Seine Gesetze sind wie die Gesetze des Abgrunds: Keiner kann sie erschauen. Ohne Enlil werden keine Städte erbaut, keine Dörfer gegründet, keine Schafhürden errichtet...

Schrifttafel mit einer Hymne an den sumerischen Herrschergott Enlil, Nippur

Um 3 200 v. Chr., zu der Zeit, als in Westeuropa noch megalithische Bauwerke entstanden und der Ackerbau gerade anfing
sich auszubreiten, erfanden die Sumerer in
Mesopotamien die Keilschrift. Ursprünglich
diente sie den Verwaltern und Händlern für
ihre Buchführung, doch dann wurde sie auch
dazu benützt, wichtige Ereignisse festzuhal-
ten: Das Zeitalter der Geschichtsschreibung
war angebrochen!

Es entstanden nun große Städte mit vielen
Einwohnern. Riesige Bauten wurden errichtet (z.B. die Tempelpyramide von Ur), erste
Wagen kamen auf, die Kriegskunst wurde
entwickelt. Nach der sumerischen Kultur
entstand die der Ägypter. Um etwa 2 800
v.Chr. wurden die weltberühmten Pyramiden mit ihren unfaßbar reich ausgestatteten
Grabkammern gebaut.

Die Pyramiden von
Gise (Ägypten)

Kleine Bronzestatue.
Sie stellt eine Tänzerin
dar.

Zikkurat von Ur
(Stufenpyramide)

Kleines Abc
der frühen Menschheit

Altamira

Eine berühmte Höhle mit Felsenbildern in Spanien. Sie wurde 1868 von der 5jährigen Tochter des Jägers Marcelino de Sautuola entdeckt. Dieser erkannte das Alter und die Bedeutung der Bilder nicht. Erst 1901 wurde sie erforscht. Die Höhle ist 280 m lang. Zwischen 30 000 und 10 000 v. Chr. wurden hier 150 Bilder gemalt. Die Höhle war lange Zeit durch einen Fels hermetisch verschlossen, daher blieben die Farben vollständig erhalten.

Acheuléen

ist eine Werkzeugkultur der Altsteinzeit, benannt nach den zuerst in St. Acheul (Frankreich) gefundenen Werkzeugen. Um 200 000 v. Chr.

Bronzezeit

Das ist die auf die Jungsteinzeit folgende Zeit, in der den Menschen die Herstellung der Bronze gelang. Daraus machten sie Werkzeuge, Waffen und sonstige Geräte. Im Abendland wird diese Zeit etwa von 1900 bis 800 v. Chr. angesetzt. In anderen geographischen Bereichen verlief die Entwicklung anders; so gibt es z. B. heute noch Naturvölker, die sich auf der Entwicklungsstufe der Steinzeit befinden.

Carbon 14

C 14, das ist radioaktiver Kohlenstoff, reichert sich in Pflan-

zen und damit in Lebewesen an. Er baut sich in der Folgezeit so ab, daß sich die Anzahl seiner Atome alle 5 730 Jahre um die Hälfte verringert. Wenn man nun den Anteil von C 14 in einem Fossil mißt, kann man errechnen, wann es die ursprüngliche Menge C 14 aufgenommen haben muß, wann es also gelebt hat. Diese Methode ist jedoch nicht absolut zuverlässig. Es gibt viele mögliche Fehlerquellen.

Chopper

So nennt man einflächig oder zweiflächig behauene, ziemlich grobe Steinwerkzeuge aus Steinkernen (Haumesser) oder Abschlägen (Schaber, Kratzer, Spitzen). Sie werden mit dem Homo erectus in Verbindung gebracht.

Cromagnon

1868 wurden in Cromagnon (Frankreich) 5 Skelette entdeckt: der erste bekannte Fund des Homo sapiens sapiens. Der Cromagnon-Mensch, der wie ein heutiger Mensch aussah, war ein robuster Typ des Homo sapiens sapiens.

Dart, Raymond

Der Professor an der Universität von Johannesburg entdeckte das „Kind von Taung" im Jahr 1924 und gab ihm den Namen Australopithecus africanus.

Dubois, Eugène

Er entdeckte 1892 das erste Fossil von Homo erectus bei Trinil auf der Insel Java und nannte es Pithecanthropus (Affenmensch).

Eiszeiten

Zu bestimmten Perioden kühlte das Klima stark ab. Dadurch vergletscherten weite Gebiete. Innerhalb der letzten Million Jahre gab es vier Eis- und drei Zwischeneiszeiten: Günzeiszeit/Günz-Mindel-Zwischeneiszeit/Mindeleiszeit/Mindel-Riß-Zwischeneiszeit/Rißeiszeit/Riß-Würm-Zwischeneiszeit/

Würmeiszeit. In der letzten Eiszeit, Würm (70 000 – 10 000 v. Chr.), bedeckte Eis den größten Teil Nordeuropas und Nordamerikas.

Fossilien

Geologische Vorgänge bewirkten, daß im Stein oder Kalk Knochen, Abdrücke von Pflanzen, Tieren und sogar Fußspuren erhalten blieben.

Geröll-Kultur

Damit meint man Geröllgeräte-Industrien der Altsteinzeit. Aufgelesene runde Geröllsteine wurden durch einfache Abschläge mit zuerst einer, später mehreren Kanten versehen. Zwei Haupttypen, „Pebble tools" (Kieselwerkzeuge) und „Chopper", bzw. „Chopping tools" (Hackmesser) sind nicht eindeutig zu unterscheiden.

Eine weitere Entwicklungsstufe sind die Faustkeil-Industrien. Sie stammen aus der Zeit von Homo erectus und den frühen Homo sapiens-Formen. Die ersten Faustkeile waren groß und grob behauen, mit unregelmäßigen Kanten; später wurden sie feiner bearbeitet und hatten gerade bis leicht geschwungene Kanten. Die ganz späten Werkzeuge dieser Art waren klein, flach und gut gearbeitet.

Holozän

Das ist der jüngste Abschnitt im Quartär; es bedeutet im erdgeschichtlichen Sinn „die Gegenwart". Es wird datiert auf etwa 10 000 v. Chr.

Interglazialperiode

bedeutet Zwischeneiszeit oder Warmzeit. In den drei Zwischeneiszeiten lag die Julitemperatur um etwa 10° C höher als während der Eiszeiten, im Durchschnitt bei 20° C. Die Gletscher schmolzen.

Linné, Carl von

war ein schwedischer Naturforscher (1741–1783). Er entwarf ein System zur Klassifizierung von Pflanzen und Tieren, das noch heute gültig ist. Er stellte den Menschen in die Ordnung der Primaten und nannte ihn als erster „Homo sapiens" (Mensch, der denken kann).

Leakey, Louis und Mary

sind südafrikanische Paläontologen. Sie entdeckten 1931 den ersten Dryopithecus, einen Vorfahren des Menschenaffen, und nannten ihn „Proconsul africanus" nach einem Affen im Londoner Zoo. Später fand Mary die Überreste zahlreicher Australopithecinen und auch die berühmten Fußspuren in der Region Laetoli. Ihre wichtigste Ausgrabungsstätte war die Oldowan-Schlucht in Tansania.

Leakey, Richard

Sohn von Louis und Mary Leakey. Einer der berühmtesten Paläontologen und Anthropologen. Er ist Direktor des Nationalmuseums in Nairobi (Kenia) und Leiter eines Forschungsteams am Rudolfsee (Turkanasee) in Kenia. Er war es, der den ersten Homo erectus in der Oldowan-Schlucht in Tansania fand.

Mesozoikum

Geologisches Erdmittelalter. Von 225 Mill. bis 64 Mill. Jahre vor unserer Zeit. Es wird aufgeteilt in:
Trias (190 Mill. Jahre),
Jura (136 Mill. Jahre),
Kreide (64 Mill. Jahre).

Neandertal

1848 wurden die ersten Überreste eines Neandertalers bei Gibraltar gefunden. 1856 machten Arbeiter im Neandertal den wohl be-

rühmtesten Fund, nach dem der Neandertaler dann benannt wurde. Da die Arbeiter die Bedeutung des Fundes nicht erkannten, warfen sie den größten Teil der Knochen weg und behielten nur einen Teil der Schädeldecke und kleine Skeletteile. Der Neandertaler ist durch seine typischen Merkmale vom heutigen Menschen deutlich verschieden. Ob er eine Unterart des Homo sapiens oder eine eigenständige Art ist, war lange ungeklärt.

Neozoikum

Das ist die geologische Erdneuzeit, sie wird auch Känozoikum genannt. Beginn: 64 Millionen Jahre v. Chr.

Oldowan

Eine Schlucht in Tansania, in der große und wichtige Funde von Australopithecus boisei, africanus und Homo habilis gemacht wurden. Seit 1930 von Louis und Mary Leakey abgesucht. Die vier Fundschichten nennt man „Beds". Begleitfunde: Werkzeuge aus Kiesel, als Oldowan-Industrien bezeichnet („Pebble tools").

Paläontologie
Das ist die Wissenschaft von den Fossilien und der Frühgeschichte der Erde. Zuerst müssen die geologischen Schichten ausfindig gemacht werden, die Fossilien enthalten könnten. Bei dieser Suche ist vieles dem Zufall überlassen. Manchmal bringt ein starker Regen oder ein Erdrutsch einen wichtigen Fund zutage. Oft werden Fossilien von Personen gefunden, die ihre Bedeutung nicht erkennen können. So gehen Teile verloren oder werden jahrelang unerkannt aufbewahrt oder benützt. Der Schädel des Kindes von Taung wurde als Briefbeschwerer benützt, bevor ein Paläontologe ihn entdeckte!

Paläozoikum
ist die geologische Erdaltzeit. Sie dauerte von 600 Millionen bis 225 Millionen Jahre

vor unserer Zeit. Sie wird aufgeteilt in Kambrium (erste bekannte Wirbellose, erste Schalentiere), Ordovizium (vor 500 Millionen Jahren; erste Wirbeltiere, erster Panzerfisch), Silur (vor 440 Millionen Jahren; erste Landpflanzen, erster Knorpelfisch), Devon (vor 410 Millionen Jahren; erste Insekten, erste Amphibien, erster Knochenfisch), Karbon (vor 345 Millionen Jahren; erste Reptilien), Perm (vor 280 Millionen Jahren; erste Nadelbäume).

Peking-Mensch
Zwischen 1920 und 1940 wurden in einer Höhle nahe Zhoukoudian 40 Exemplare eines hochentwickelten Homo erectus gefunden, der zuerst Sinanthropus („Chinamensch"), später dann Homo erectus pekinensis („Peking-Mensch") genannt wurde.

Quartär
ist die jüngste geologische Periode, ab 2 Millionen Jahre vor unserer Zeit gerechnet. Aufgeteilt in Pleistozän

(Neuzeit, bis 10 000 Jahre v. Chr.; bis Ende der letzten Eiszeit) und Holozän (Jetztzeit, ab 10 000 Jahre v. Chr.). Zu Anfang des Quartärs erscheint der erste Homo erectus.

rezent
(aus dem Lateinischen: „recens") bedeutet: heute lebend. Rezente Primaten sind z. B. Halbaffen.
Hominiden: Mensch.

Spitzhörnchen
auch Tupaias genannt: Sie leben seit 50 Millionen Jahren auf Bäumen. Sie stehen am Ursprung der Entwicklung der Primaten. Um sich an das Leben auf den Bäumen anzupassen, veränderten sich ihre Gliedmaßen: Alle vier Pfoten wurden zu Händen. Auch die Sehkraft verbesserte sich.

Solutre

ist ein Ort in Frankreich, an dem sich eine wichtige paläolithische Ausgrabungsstätte befindet. Millionen Pferdeknochen wurden hier gefunden. Man vermutet, daß es sich um eine ganz besondere Jagdstätte handelte. Die Pferde wurden über einen sanften Abhang in den Abgrund getrieben.

Sterkfontein

Das ist ein wichtiger Fundort in Transvaal (Südafrika). Etwa 200 Australopithecus africanus-Fossilien wurden hier gefunden.

Swanscombe

liegt in England. Hier wurde der Schädel von Swanscombe gefunden, der zu einer Frühform des Homo sapiens gehört. Begleitende Kulturfunde sind Handkeulen, Haumesser und Schaber aus der Kulturstufe des Acheuléen.

Stratigraphie

Das ist die Beschreibung der Erdschichten. Die Paläontologie und die Frühgeschichte bedienen sich der Stratigraphie, um das relative Alter von Funden zu bestimmen.
An einem gegebenen Ort überlagern sich im Laufe der Zeit die Sedimente in Schichten. In dieser Schichtung sind die untersten Lagen die ältesten, die obersten die jüngsten. Die Gegenstände, die man in den tiefen Schichten findet, sind also älter als diejenigen aus den oberen Schichten. So erhält man eine relative Zeiteinteilung der Fossilien und Gegenstände.

Tassili

Die Fresken von Tassili wurden 1956 von Henri Lhote entdeckt. Sie sind auf die Wände eines Felsvorsprungs gemalt. In einer ersten Phase stellen sie den Menschen (oft mit rundem Kopf) und die wilden Tiere dar. Später erscheinen Jäger, Hirten, Bauern und Herden. Das Tassili-Bergland liegt in der Wüste Sahara.

Tertiär

Das Tertiär, welches von 70 Millionen Jahre bis 2 Millionen Jahre vor unserer Zeit dauerte, ist aufgeteilt in Paläozän, Eozän, Oligozän, Miozän und Pliozän. In dieser Zeit entwickelten sich die Primaten.

Venus

Das ist der Name, der den prähistorischen weiblichen Statuetten, Skulpturen und Reliefs gegeben wurde.

Wollnashorn

Der Neandertaler jagte ein riesiges Nashorn mit Haarkleid. Er bildete es in seinen Höhlenmalereien ab.

Zinjanthropus

ist der Name des Australopithecus robustus, 1959 von Louis Leakey in Tansania gefunden. Die Sedimentschicht, in der er lag, wurde nach der Kalium-Argon-Methode auf 1,75 Millionen Jahre datiert.

Inhalt

Die Abstammung des Menschen

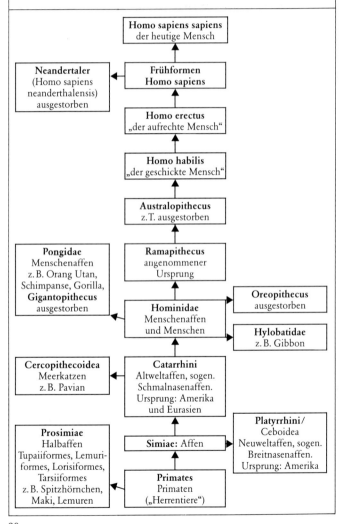

Homo sapiens sapiens
der heutige Mensch

Neandertaler
(Homo sapiens
neanderthalensis)
ausgestorben

**Frühformen
Homo sapiens**

Homo erectus
„der aufrechte Mensch"

Homo habilis
„der geschickte Mensch"

Australopithecus
z.T. ausgestorben

Pongidae
Menschenaffen
z.B. Orang Utan,
Schimpanse, Gorilla,
Gigantopithecus
ausgestorben

Ramapithecus
angenommener
Ursprung

Oreopithecus
ausgestorben

Hominidae
Menschenaffen
und Menschen

Hylobatidae
z.B. Gibbon

Cercopithecoidea
Meerkatzen
z.B. Pavian

Catarrhini
Altweltaffen, sogen.
Schmalnasenaffen.
Ursprung: Amerika
und Eurasien

Prosimiae
Halbaffen
Tupaiiformes, Lemuri-
formes, Lorisiformes,
Tarsiiformes
z.B. Spitzhörnchen,
Maki, Lemuren

Simiae: Affen

Platyrrhini/
Ceboidea
Neuweltaffen, sogen.
Breitnasenaffen.
Ursprung: Amerika

Primates
Primaten
(„Herrentiere")

Das Tierreich ist nach Carl von Linné in verschiedene Stämme aufgeteilt. Einer ist der Stamm der Chordata (Tiere mit einem Skelettelement im Rücken). Die Chordata sind in Klassen eingeteilt. Eine ist die Klasse der Säugetiere. Die Säugetiere sind wiederum in Ordnungen unterteilt; eine dieser Ordnungen sind die Primaten („Herrentiere").

Dieser Stammbaum entspricht vereinfacht dem heutigen Stand des Wissens. Bei einigen Arten besteht noch Unklarheit über ihren Standort in der Evolution; die Lehrmeinungen gehen auseinander: Bei Ramapithecus und Australopithecus ist nicht mit Sicherheit geklärt, ob sie wirklich zu den Menschen und nicht vielleicht doch zu den Menschenaffen gehören.

Beim Neandertaler ist noch nicht endgültig geklärt, ob er eine eigene Art (Homo neanderthalensis) neben Homo sapiens oder eine Unterart (Homo sapiens neanderthalensis) unter Homo sapiens ist.

Angaben zu Gedichten und Prosatexten

Illustratoren

Roger-Guy Charman: Seite 28, 29 und Ergänzungen der Seiten 12–35

Donald Grant: Seite 8–11, 30, 31

Christian Jégou: Seite 70–73

Marie Mallard: Seite 82–89

Sylvaine Pérols: Seite 38, 39, 50, 51, 54–69, 74–81

Carlo Ranzi: Seite 7, 12–29, 32–37, 40–49, 52, 53

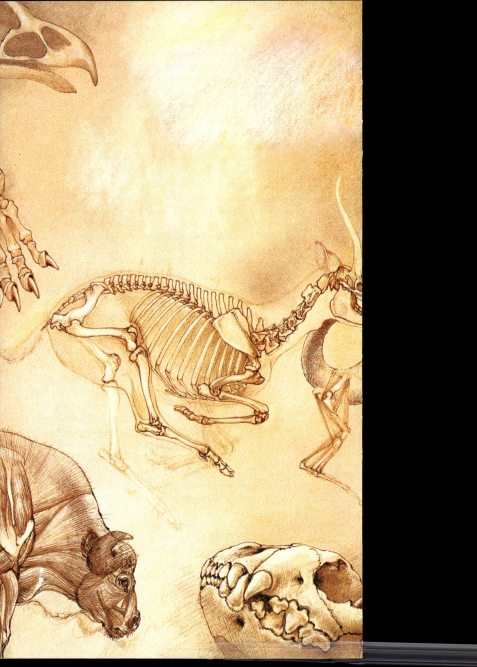